NOTICE

SUR ALGER,

PAR

M. HAMELIN,

TÉMOIN OCULAIRE.

PRIX : 1 FR.

PARIS.

G. A. DENTU, LIBRAIRE-ÉDITEUR,

PALAIS-ROYAL,

GALERIE VITRÉE, N° 13.

1833.

NOTICE SUR ALGER.

En politique, les choses dont on parle le plus sont bien souvent celles qu'on éclaircit le moins. Les opinions, les intérêts, les passions se croisent, se heurtent, s'attaquent, et le fond de la question disparaît sous les accessoires dont on la surcharge. C'est ce qui est arrivé pour Alger. J'ai lu tout ce qui en a été dit à la tribune parlementaire, tout ce qui a été écrit par diverses personnes qui y ont exercé des fonctions plus ou moins importantes, tout ce qu'en ont dit les journaux, et jamais je n'ai vu exposer clairement l'état de la question, parce que, toujours, l'intérêt personnel et l'opinion politique ont cherché leur triomphe bien plus que celui de la vérité.

Je suis à Alger depuis près de deux ans, j'ai voulu et j'ai pu voir clair. L'administration, l'agriculture, le commerce, l'industrie, la colonisation en un mot, ont été l'objet de mes investigations. Je crois donc pouvoir parler utilement de tout cela, et dire la vérité sans exagération, comme sans faiblesse. Si quelques noms se trouvent froissés, ce sera par la force des choses, par l'énoncé des faits auxquels ils sont indispensablement liés.

Tout dernièrement, trois questions ont été posées par le gouvernement. Les voici dans l'ordre où je crois qu'on doit les présenter :

1°. Le séjour d'Alger est-il salubre pour nous?

2°. Alger peut-il être facilement colonisé, et quel est le mode de colonisation préférable?

3°. Alger peut-il être défendu contre les Arabes sans que les dépenses nécessaires pour sa défense dépassent les profits de sa possession?

Pour répondre à ces trois questions, il convient :

1°. De jeter un coup-d'œil rapide sur l'état actuel de la Régence, en évitant de répéter ce qui a été dit à satiété;

2°. De voir quelle a été l'administration civile dans ses vues et dans ses résultats;

3°. De rechercher ce qu'il y aurait à faire dans les intérêts combinés de la colonie et de la métropole.

La solution des questions proposées deviendra facile ensuite.

1°. *Etat actuel.*

La Régence d'Alger est sans doute un beau et bon pays, quoique fort au-dessous des idées folles que s'en étaient faites ces gens qui voient tout en beau avant d'avoir regardé, et qui passent ordinairement de l'enthousiasme au découragement. La plupart croyaient revoir l'Égypte et son incroyable fertilité; mais ils y ont trouvé de moins, le Nil, ses débordemens, et une population nombreuse habituée aux travaux de l'agriculture.

La terre est généralement fertile dans la Régence, quoique dure et compacte. Elle demande plusieurs labours et l'engrais tout comme nos terres fortes de France; et, comme les labours sont impossibles tant que dure la sécheresse, c'est-à-dire depuis mai jusqu'en novembre, il en résulte qu'on commence à labourer quand il faudrait semer. J'ajouterai que les blés, dits de *mars*, réussissent difficilement, à cause des chaleurs qui les saisissent ordinairement dès le mois d'avril. C'est un grave inconvénient pour la culture des céréales. Au reste, ce genre de production ne présentera jamais d'avantages pour la colonie, en raison du prix élevé de la main d'œuvre et à cause de la concurrence ruineuse des blés de la mer Noire. Il en est de même de la vigne, sous le rapport de la fabrication du vin : le bon marché des vins de Provence éteindrait ce genre d'industrie; d'ailleurs la France n'a pas besoin de vins.

La Régence d'Alger, tels succès que l'on obtienne, ne sera jamais qu'une continuation de la Provence. L'huile et la soie, voilà les véritables sources de prospérité pour la colonie, et si la France y trouvait un jour ce qu'elle en tire de l'étranger, cela seul ferait une différence de plus de 40 millions dans la balance de son commerce. On pourrait ajouter la garance, le tabac et le coton herbacé; mais, jusqu'à présent, le tabac est de mauvaise qualité. Quant au coton, les moyens d'irrigation manquent absolument; aussi les essais, dans ce genre, n'ont eu aucune importance. Peut-être ne sont-ils pas décisifs.

Je ne partage pas l'opinion de ceux qui croient que l'indigo, la cochenille, le café, la canne à sucre, le coton arbuste, pourraient être cultivés avec succès. Le développement, jusqu'à maturité parfaite, de ces plantes équinoxiales, demande un degré de chaleur qui n'est qu'accidentel à Alger, et les nuits du printemps sont trop froides. Ce que je dis est fondé sur l'expérience; et je n'en connais aucune que l'on pût m'opposer.

Il faudrait donc exciter, encourager la culture de l'olivier et celle du mûrier. C'est précisément ce qu'on n'a pas fait. Mais j'en parlerai plus tard.

Les races des bestiaux sont abâtardies et demandent à être relevées.

Les chevaux, beaucoup moins abondans qu'on ne le croyait, tiennent plus de l'andalou que de l'arabe : la tête busquée, la croupe de mulet, la queue mal attachée, mais de beaux membres. Si l'on n'en trouve pas d'une qualité supérieure, on n'en trouve guère qui soient tout-à-fait mauvais. Avec des éperons on peut toujours en tirer parti. Généralement froids quand ils sont seuls, ils deviennent dangereux en compagnie. Il faudrait essayer de les faire hongrer.

Depuis l'expulsion, à-peu-près générale, des Turcs par les Français, les habitans indigènes se divisent en quatre classes principales qui diffèrent entre elles par la figure, par le caractère et par les mœurs. Ce sont : les *Maures*, les *Arabes de la plaine*, connus sous le nom de *Bédouins*, les *Arabes de la montagne*, ou *Kobaïles*, et les *Juifs*.

Les Maures forment le fonds de la population

des villes et de leurs environs. Les plus aisés possèdent de belles maisons et des terres auxquelles il ne manque qu'une meilleure culture pour être riches; ceux-là sont en petit nombre. La classe moyenne s'adonne généralement au commerce ou à quelque industrie de peu d'importance. Le reste vit misérablement, surtout depuis que l'accroissement de la population européenne a fait tripler le prix des denrées de première nécessité.

Les Maures ont une certaine élégance, une recherche de propreté, une politesse, qui rappellent les beaux temps de leur civilisation. Ils sont religieux, sobres, braves, intelligens, et très économes, quoique charitables entre eux. Ils vivent beaucoup dans leur intérieur, et, excepté pendant le ramadan, qui veut qu'on jeûne tout le jour pour banqueter toute la nuit, il est rare de rencontrer un Maure dans les rues, passé la prière du soir, qui a lieu une heure après le coucher du soleil. A très peu d'exceptions près, ils n'ont qu'une femme, et, suivant leur aisance, quelques esclaves noires.

On ne voit point surgir entre eux de ces querelles bruyantes, dont on est assourdi dans nos carrefours. Ils ne se frappent jamais; le duel leur est inconnu.

Éloignés de tous les emplois par les Turcs, soumis à leurs caprices sanguinaires, ils sont sans ambition, et le repos est leur souverain bonheur. Ils poussent cette disposition jusqu'à l'indolence, jusqu'à la paresse. Je n'ai point vu de population plus facile à conduire. Ils ne nous aiment pas, ils nous voient avec peine, bien souvent ils sont froissés dans leurs usages, dans leurs intérêts, et cependant on n'a point vu de vengeances particulières, encore moins d'apparence de soulèvement.

Les Maures, sont, en général, bien de figure, surtout dans leur jeunesse, car ils vieillissent de bonne heure; leurs enfans sont charmans. Ils sont extrêmement jaloux; et quand on leur demande l'âge de leur femme ou de leur fille, ils leur donnent ordinairement dix ou même vingt ans de plus, afin d'en dégoûter. Comme on ne voit jamais leur visage, il faut bien en croire les maris sur parole.

Depuis l'arrivée des Français, plusieurs familles des plus riches ont émigré à Tunis, et surtout à Maroc. Cet exemple sera suivi par bien d'autres, s'ils perdent l'espérance de nous voir quitter le pays.

Les Arabes de la plaine, ou Bédouins, sont encore les Numides du temps de Massinissa, sauf les modifications introduites par l'islamisme. Ils sont cultivateurs et pasteurs; mais ils cultivent mal, et les races de leurs bestiaux sont chétives, à cause de la disette qu'ils éprouvent durant la sécheresse. Ils ne connaissent pas la culture des fourrages artificiels. Leurs *douars* ou villages ne sont qu'un amas de tentes en poil de chameau, ou de chétives cabanes en roseaux liés avec du pisé. Chaque tribu a son territoire, qu'elle défend les armes à la main. Si l'on excepte les chefs, qui ont quelques idées de luxe, la population est d'une malpropreté révoltante, et ne connaît aucune des commodités de la vie. Ils ont cependant de l'argent, et ils en ont beaucoup, car ils viennent vendre à Alger les produits de leurs terres et en emportent le prix, sans jamais rien acheter de nous. Tous les hommes valides ont un cheval, un fusil et un yatagan. Ils tirent fort juste, et leurs fusils, tous de gros calibre, atteignent de très loin. Pour les combattre avec avantage, il faut se hâter de les joindre. Ils ne peuvent résister aux sabres droits de notre cavalerie. Ils sont vindicatifs et cruels par caractère, voleurs et assassins par goût, et ne traitent guère mieux les Maures que les chrétiens. La terreur seule de nos armes pourra les contenir. Avec eux, il faut être juste, mais sans pitié : ils la confondent avec la faiblesse. Il faut venger un mal par un mal cent fois plus grand. Ils ne connaissent d'autre loi, que celle du plus fort.

Les Kobaïles, ou montagnards de l'Atlas, vivent comme les Bédouins et sont encore plus féroces. On ne les connaît guère que par ceux qui viennent se louer pour travailler dans les villes, et par la vive résistance qu'ils ont opposée à nos troupes dans les défilés de l'Atlas. Ils ont quelques mines de fer qu'ils exploitent ; ils forgent des outils et même des sabres. Ils fabriquent quelques étoffes grossières et des bournous. Leurs notions religieuses sont assez obtuses. Leurs femmes ne se voilent point.

Les Juifs, fort nombreux dans les principales villes de la Régence, y sont, ce qu'on les voit partout, soumis jusqu'à la bassesse, exclusivement adonnés au trafic et à l'usure, cachant soigneusement leur argent, trompeurs, et toujours prêts à se parjurer pour un écu. Leurs maisons, dans lesquelles ils vivent entassés, sont d'une malpropreté dégoûtante, et l'air en est infect. Jamais je n'ai vu la misère sous des formes plus hideuses.

Pour compléter le tableau de la population algérienne, il faudrait y comprendre les *Biscaris* qui viennent du pays de *Biscara*, à-peu-près comme les Savoyards viennent à Paris. Ils sont portefaix, balayeurs, gardes de nuit, etc. — Et les nègres venus de l'intérieur de l'Afrique. Ils sont peu nombreux, vivent entre eux, et s'adonnent aux métiers les plus pénibles.

Les *Mozabites* sont une corporation plutôt qu'une race distincte. De temps immémorial, ils avaient le privilège de tenir les bains, les moulins et les boucheries.

Tout cela compose environ 20,000 habitans, plus 5,000 Européens (Français, Maltais, Espagnols, etc.). L'espoir d'opérer une fusion entre les indigènes et les Français, est chimérique. La religion et les mœurs s'y opposeront toujours invinciblement.

Quant à la population européenne, il faut convenir qu'Alger est l'égoût vers lequel on balaie toutes les ordures de notre civilisation. Excepté les régimens de ligne qui y sont excellens, comme partout ailleurs, l'armée offre une grande quantité de soldats repris de justice, dont la France a voulu se débarrasser. On en forme des corps qui sont bientôt décimés par les conseils de guerre. La mort, le boulet, les travaux publics, sont chaque mois le partage d'une foule de scélérats qui ont perdu jusqu'à la honte du crime et bravent impudemment la sévérité des lois. S'ils pouvaient se réunir, se compter, s'entendre, ils seraient bientôt en révolte ouverte; mais on a soin de les disséminer aux avant-postes, où ils sont le fléau des colons et des propriétaires, dont ils dévastent les terres.

Exception faite du haut commerce et de quelques ouvriers laborieux, la population civile, si l'on peut lui donner ce nom, présente un ramas de gens ruinés ou déshonorés dans leur pays, et qui ont usé de leurs dernières ressources pour arriver à Alger, avec une faible pacotille. La débauche, le luxe, compagnon ordinaire de l'inconduite, les ont bientôt ruinés, ou, s'ils ont de l'argent, c'est pour se livrer à l'usure la plus affreuse.

Le bas prix du vin et de l'eau-de-vie encourage l'ivrognerie, à laquelle les soldats et le peuple européen se livrent sans frein. De là bien des maladies et bien des crimes.

Le commerce est en souffrance parce que les arrivages dépassent de beaucoup la consommation. Il y a dans ce moment-ci à Alger 15,000 barils de farine dont on ne sait que faire, et qui échapperont difficilement à l'influence de ce climat chaud et humide. J'ai vu le baril se vendre 40 fr.; aujourd'hui on n'en trouverait pas 25 fr. La même réaction a eu lieu pour les pommes de terre et pour bien d'autres articles. Il s'en est suivi de fréquentes faillites.

La population européenne diminue au lieu d'augmenter; c'est le résultat des fausses mesures, des injustices, des tracasseries, des airs hautains de M. l'intendant civil. Beaucoup de gens font comme moi, ils vendent leurs propriétés et s'en vont, afin d'échapper à son influence funeste.

En résumé, Alger, dans l'état où on le laisse depuis trois ans, est une charge énorme et une charge inutile pour la France. La possession de trois villes sans territoire, Alger, Bone et Oran, qui ne peuvent communiquer entre elles que par mer, ne saurait indemniser d'une pareil consommation d'hommes et d'argent. Chaque année, l'armée est décimée par les maladies. L'an passé, il est mort dans les hôpitaux d'Alger plus de 1,400 hommes sur environ 15,000. Bone a été encore plus maltraitée. Les eaux stagnantes qui infectent le voisinage de ces deux villes, produisent des exhalaisons funestes qui empoisonnent ceux qui les respirent. L'effet n'en est pas toujours subit, mais il est infaillible. La fièvre arrive et les rechutes sont mortelles.

La conquête a soumis les hommes, maintenant il faut soumettre le sol ou s'en aller.

2° *Ce qu'a été l'administration civile dans ses vues et dans ses résultats.*

L'administration civile se compose :

Du *Domaine*;

De la *Colonisation*;

De l'*Administration municipale*;

Du *Génie civil*;

De l'*Instruction publique*;

Des *Douanes*;

Du *Trésor* uni aux *Postes*.

DOMAINE.

Le domaine et la colonisation qui pourraient offrir de notables avantages pour le présent et surtout pour l'avenir, si ceux qui les dirigent avaient des vues et de l'activité, sont on ne saurait plus mal administrés. Je commencerai par le domaine, abstraction faite de l'enregistrement qui marche à Alger, comme en France, dans une route toute tracée.

Le domaine se compose des biens qui appartenaient au dey, comme chef du gouvernement; des confiscations exercées sur les Turcs, et de l'administration des séquestres mis sur les biens des corporations religieuses, la Mecque et Médine, etc. Ce dernier article, qui est le plus important, est précisément celui qui est le moins connu.

Le maréchal Clausel avait ordonné le séquestre des biens appartenant aux corporations religieuses, afin qu'on pût les connaître avant d'en opérer la confiscation. Le général Berthezène, et ensuite M. Pichon, obéissant à des influences locales, ont toujours ajourné la mise à exécution de cette mesure, et dans cet état d'incertitude, qui dure encore, le directeur des domaines a négligé de rechercher et connaître ces biens. Quelques maisons situées dans la ville, des boutiques, quelques jardins aux environs d'Alger, 600 arpens de terres, ancienne mesure, à Kouba; 1,500 à Del-Ibrahim; voilà tout ce que le domaine connaît positivement. Il a bien un registre sur lequel figurent les noms d'un grand nombre de propriétés plus ou moins importantes, provenant des mêmes sources, mais il ne sait ni où elles sont, ni ce qu'elles sont. Il faut donc le dire, l'administration du domaine est tout à créer. Le ministre des finances, a bien envoyé à Alger un inspecteur des finances, homme laborieux et d'une haute capacité; mais il a trouvé sur son chemin M. Genty de Bussy, qui, jouissant de l'heureux privilège de tout savoir sans avoir rien appris, s'est opposé à tout ce qui n'était pas enfanté par sa *rare imaginative*, et le domaine en est resté là.

COLONISATION.

Pour s'entendre, il faut définir les choses dont on parle : or, c'est ce qu'on n'a jamais voulu faire pour la colonisation d'Alger. Les uns ont prétendu l'assimiler aux établissemens formés dans les vastes solitudes de l'Amérique septentrionale; les autres n'y ont vu qu'un moyen d'utiliser les bras d'une multitude de prolétaires que la France pourrait exporter de son sein; d'autres enfin, et c'est le grand nombre, n'ont vu qu'un champ ouvert à leurs spéculations, et ont acheté des terres à vil prix, attendant la hausse comme à la bourse. Ces diverses façons de voir sont mal fondées ou pernicieuses.

L'Afrique septentrionale, civilisée par Carthage, conquise et exploitée par les Romains, désolée par les Vandales, envahie par les Arabes, succombant enfin sous les Turcs, qui n'y ont donné d'autres lois que celle du sabre, ne peut être comparée à un pays neuf et paisible, où chacun peut, suivant ses moyens, bâtir une maison, élever des troupeaux et labourer un champ, près duquel d'autres cultivateurs viendront successivement former par agrégation, un canton et bientôt une province. Ici, rien de tout cela. Le Bédouin de la plaine et le Kobaïle de la montagne, propriétaires toujours opprimés, jamais soumis, seront long-temps des ennemis féroces, toujours prêts pour le meurtre, le pillage et l'incendie. C'est la difficulté réelle, mais non pas insurmontable, que l'on rencontrera : j'en reparlerai.

La seconde manière de voir, celle qui consiste à répartir les terres appartenant à l'état entre les prolétaires venus de France et de l'étranger, est fausse pour le présent et sans résultat pour l'avenir. Ici, plus de suppositions ni de conjectures; on peut marcher le flambeau de l'expérience à la main, puisque c'est le mode que M. Genty s'est obstiné à suivre.

On pourrait demander d'abord, et comme question préjudicielle, pourquoi, à quel titre, la France serait obligée de donner des terres, des maisons, des charrues, des bœufs, des semences, des vivres enfin, à des mendians venus de l'Allemagne ou de la Suisse? Mais voyons; peut-être un jour retirera-t-elle de grands avantages de sa libéralité; peut-être M. Genty est-il parvenu à concilier l'intérêt du donateur avec celui du donataire? Nullement.

De tout temps, les gens qui n'ont rien ont dû travailler pour ceux qui ont quelque chose ; c'est une loi à laquelle rien ne saurait les soustraire. Cinq à six cents malheureux venus de France, et plus encore de l'étranger, vivaient tant bien que mal du travail de leurs bras. Les propriétaires de terres trouvaient parmi eux les journaliers dont ils avaient besoin. M. Genty en a disposé autrement, et il a résolu d'en composer deux villages, l'un à *Kouba*, l'autre à *Del-Ibrahim*, et leur distribuant les terres dont j'ai parlé plus haut, il leur a dit : « *tu seras colon !* »

Aussitôt on envoie ces malheureux prendre possession, et provisoirement on les loge sous la tente. En peu de temps, et bien qu'ils reçussent, comme ils reçoivent encore, la ration du soldat, la misère, la malpropreté, la chaleur, l'oisiveté en ont envoyé la moitié à l'hôpital, où beaucoup sont morts.

Cependant, on leur bâtissait de fort belles maisons, on arpentait, on divisait les terres dont on assignait un lot à chacun, et tout cela coûtait plus de 200,000 francs. Mais lorsque ces colons improvisés ont été logés, on s'est aperçu qu'ils ne pouvaient cultiver la terre avec leurs ongles, et il a fallu leur donner des outils aratoires, des charrues, des bœufs et des semences. Hé bien, malgré tout cela, il n'y a, pour ainsi dire, ni cultivateurs ni culture. C'est qu'on n'a pas réfléchi que pour être cultivateur il ne suffit pas de posséder des terres, il faut encore avoir de l'argent comptant pour les agencer et les mettre en valeur. C'est qu'il fallait donner des terres aux gens capables de les exploiter. Il leur aurait fallu des bras, et ils auraient employé ceux des prolétaires dont on a voulu faire des colons, en dépit du bon sens et de l'expérience. Si l'on retirait les vivres à ces prétendus colons, il n'en resterait pas dix. Il en coûte donc environ 5oo francs par jour pour qu'il soit dit que l'on a des colons! Et voilà où l'on arrive lorsqu'on est guidé par l'ignorance et l'entêtement!

Pour ce qui est des spéculateurs qui ont acheté des terres et qui les laissent en friche jusqu'à ce qu'ils trouvent à les revendre avec bénéfice, il faut distinguer ceux qui ont acheté des terres en-dedans des avant-postes de ceux qui ont acquis en dehors. Quant aux premiers, le moment viendra sans doute de les mettre en demeure de cultiver, ou d'affermer, ou de revendre. Mais quant aux seconds, peu importe qu'ils possèdent des terres dans lesquelles nul Européen ne peut mettre le pied.

Plusieurs personnes venues des départemens méridionaux de la France pour s'adonner à l'éducation des vers-à-soie, ont demandé, comme encouragement, la concession de locaux, de terrains plantés de mûriers. Le gouvernement en avait à sa disposition, la graine venue de Provence était là, le temps pressait, il était important que l'on pût dire en France que la culture du ver-à-soie était protégée à Alger, qu'elle y réussissait...... Les pétitionnaires ont été mal reçus, éconduits, et ont fini par jeter la précieuse graine, dans l'impossibilité où ils étaient de nourrir les vers qu'elle aurait produits.

J'en reviens donc à dire que l'on n'a fait que des fautes en matière de colonisation, et que la première a été de ne pas définir ce qu'on entendait, ou au moins ce qu'on devait entendre, par ce mot *coloniser*.

ADMINISTRATION MUNICIPALE.

L'administration municipale et la municipalité n'existent que de nom. M. Cottin, commissaire du roi près la municipalité, faisant les fonctions de maire, n'est en réalité qu'un chef de division de l'intendance civile, où chaque matin il va apprendre ce qu'il aura à faire dans le jour. Ses vues éclairées, son zèle n'ont eu d'autre résultat que de le brouiller avec M. Genty.

Dès que le général Bonaparte eut conquis la Basse-Egypte, il institua au Kaire une municipalité sous le nom de Divan. Il y appela un égal nombre de notabilités françaises et de notabilités du pays, le tout présidé par un Français. Il dota la ville d'un revenu proportionné à ses besoins présumés; elle fit ses affaires elle-même, et des améliorations rapides signalèrent l'action bienfaisante de ce mode d'administration.

A Alger, rien de tout cela. La ville n'a pas un sou de revenu, et les membres de la municipalité ne sont jamais convoqués ni consultés sur les intérêts de ceux qu'ils représentent. L'administration municipale sort toute bottée du cerveau de M. Genty, et lorsque M. Cottin découvre quelque chose d'urgent à faire, il faut qu'il aille demander l'argent nécessaire à M. l'intendant civil, qui marchande sou à sou et finit souvent par refuser. Telle est l'administration municipale d'Alger : aussi, les rues sont infectes, et les conduits d'eau s'enfoncent sous les pieds des passans, pendant que les maisons s'écroulent sur leur tête.

GÉNIE CIVIL.

Le génie civil a commis des fautes graves. Il s'est trompé en théorie et en pratique : en théorie, parce qu'avant d'entreprendre il n'a pas calculé les moyens qui étaient mis à sa disposition; en pratique, je vais le prouver :

La route *Babazou* est mal conçue :

1° Au moyen de quelques réparations, l'ancienne route aurait pu servir, et le pont que l'on va détruire pour en faire un neuf est encore en bon état. Or, avant de faire des routes de luxe, il faut s'occuper d'ouvrir celles qui sont d'absolue nécessité. Celle-ci a déjà coûté plus de 100,000 fr., et il a fallu la laisser dans un chaos épouvantable, faute de fonds. Ce n'est qu'au bout d'un an que le génie militaire l'a fait terminer par les soldats. On doit ici rendre hommage à ce corps aussi savant qu'il est actif et zélé. Il a accompli des travaux immenses et dont la perfection ne laisse rien à desirer.

2° A quoi bon une route aussi large que celle de *Babazou*, pour l'abord d'une ville qui ne peut avoir ni voitures ni roulage? Il ne faut pas quarante pieds de large pour faire passer des prolonges d'artillerie ; et il faut remarquer que cette route-ci est en grande partie taillée dans le roc.

3° Pour que cette route fût d'un bon effet, il faudrait abattre le quartier de cavalerie et presque tout le faubourg tortueux auquel elle aboutit, ce qu'on ne fera certainement pas.

L'embarcadère de la pêcherie est le seul pour l'approvisionnement de la ville. Faute de quelques réparations, il est devenu impraticable. Il en est à-peu-près de même de celui du port.

Le môle, fort entamé par les coups de mer de l'hiver de 1832, menaçait d'une ruine totale, et alors Alger aurait cessé d'avoir un port. Après l'avoir laissé arriver au dernier degré de dégradation, on s'est éveillé à la clameur publique, et, dans l'espoir de sauver le môle, on a précipité dans la mer deux chargemens de belles pierres, toutes taillée set venues de France pour diverses constructions. Elles coûtaient 45 francs pièce. Un bon nombre a été emporté par la mer. Enfin, un nouvel ingénieur des ponts-et-chaussées a retiré celles qui restaient, et a formé en avant du môle un enrochement, suivant les principes de l'art.

INSTRUCTION PUBLIQUE.

Le duc de Rovigo avait eu une heureuse idée en voulant fonder des écoles, où, par l'enseignement mutuel, les enfans Européens, Maures et Juifs s'apprendraient réciproquement leur langue. La génération adulte des mahométans est invinciblement éloignée de nous par sa religion, ses préjugés et ses mœurs ; eh bien ! la communauté de langage, la *camaraderie* de collège, pourraient peut-être préparer un avenir plus heureux. Mais, ainsi que cela arrive souvent, on a nommé un directeur bien rétribué, on a assigné des locaux, et l'on en est resté là.

DOUANES ; TRÉSOR.

Je réunis ces deux administrations, qui marchent activement, régulièrement, et sans froisser personne : c'est-à-dire que ceux qui les dirigent savent leur métier.

3° *De ce qu'il y aurait à faire dans les intérêts combinés de la Colonie et de la Métropole.*

Coloniser un pays où les bras manquent au sol, c'est le peupler. Ces deux mots sont alors synonymes. Or, pour qu'un pays se peuple sous l'influence du gouvernement qui le possède, il faut qu'on y trouve protection, encouragement et tranquillité ; il faut qu'on y vive à meilleur marché qu'ailleurs ; il faut qu'on y trouve facilement des terres à cultiver ; il faut que le commerce et l'industrie y jouissent d'exemptions de droits, de franchises qu'ils ne trouveraient pas ailleurs ; il faut enfin, que le gouvernement donne aux colons tout ce qu'il peut donner, excepté de l'argent et des vivres, parce qu'il ne s'agit pas d'attirer des mendians. Eh bien ! on a fait tout le contraire : on a donné de l'argent et des vivres, et l'on a abreuvé de dégoûts tous ceux qui auraient voulu s'adonner à une industrie quelconque.

Mais, me dira-t-on, si le gouvernement atténue les droits d'importation, s'il accorde des franchises, les revenus diminueront, et la colonie sera encore plus à charge à l'état! Eh, bon Dieu! qu'est-ce qu'une réduction sur un revenu qui ne s'élève pas à 1,500,000 francs, en comparaison des avantages qui seraient la suite d'une grande augmentation dans la population? D'ailleurs il faut semer avant de pouvoir recueillir. Une colonie nouvelle est toute d'espérance et d'avenir; c'est une spéculation comme une autre, et le pire est de la laisser dans l'état de léthargie où languit Alger.

Le général Bourmont n'a pu qu'ébaucher la conquête, et ses premiers pas en administration ont été marqués par des fautes qui ont porté des fruits amers. La première a été de céder aux instances du consul anglais, et d'accorder sous les murs d'Alger aux vaincus une capitulation que le dey aurait à peine pu espérer avant la prise du fort de l'Empereur. Si l'on voulait, par des motifs que je ne connais pas, lui laisser ses biens et ses trésors particuliers, au moins fallait-il lui imposer la loi de les transporter en France et d'y vivre. La prison était assez belle, et l'on aurait prévenu par là toutes les intrigues qu'il a organisées de Livourne avec Tremecen et Constantine. La seconde faute a été de déporter indistinctement les Turcs sujets du dey. Parmi eux, se trouvaient tous les employés de l'administration, qui était plus régulière qu'on ne croit. Ces gens-là ont emporté ou détruit leurs livres et tous les documens de leur gestion , et l'on s'est trouvé dans l'ignorance complète des revenus de l'état, de ceux du dey, de ceux des corporations religieuses, en un mot de tout ce qui aurait dû composer le domaine français. Il n'y a pas jusqu'aux eaux abondantes qui arrivaient à Alger, dont une partie se trouve perdue, parce que, n'en connaissant pas les conduits, on ne peut les réparer. Il y a encore à Alger quelques employés subalternes qui pourraient donner des renseignemens sur tout cela : je ne sais pourquoi on ne s'est pas occupé de les chercher.

Avec l'administration du duc de Rovigo, a commencé celle des intendans civils, et la lutte entre les deux pouvoirs n'a pas tardé à s'engager; elle était inévitable aux yeux de quiconque connaît les hommes. M. Pichon, en arrivant, a paru imbu de l'idée que la France ne garderait pas Alger, et résolu à ajourner tout ce qu'il aurait fallu faire pour arriver à la colonisation; le duc de Rovigo, au contraire, voulant marcher franchement dans la ligne des améliorations, a d'abord déployé une activité extrême pour les obtenir, tant au civil qu'au militaire. Il a créé un front de défense respectable à trois lieues en avant d'Alger, dont les environs sont devenus paisibles; il a fait faire des routes de communication, dans lesquelles le génie militaire a triomphé de tous les obstacles ; il a fait le sacrifice de la belle maison de campagne du dey, dont jouissaient nos généraux en chef, et elle a été transformée en un hôpital immense, trop nécessaire dans ce climat si beau et si trompeur; tous

les soldats ont eu des lits (depuis la conqnête ils
couchaient sur la terre); la place, dite *du gouvernement*, a offert, à-la-fois, une promenade agréa-
ble pour les habitans, et un point de réunion pour
les troupes en cas d'émeute; enfin, la vaste espla-
nade de *Babeloucd* est un champ de manœuvre
pour le régiment qui forme la garnison d'Alger. En
même temps, une politique ferme et habile a
maintenu les Arabes du dehors, que leurs intérêts
divers ont bientôt divisés, et qui, dès-lors, se sont
fait battre partout où ils ont osé se montrer en
armes. Voilà pour la partie militaire qui ne récla-
mait que la volonté du chef et le zèle de l'armée.

Il n'en était pas de même de l'administration civile, dans laquelle le duc de Rovigo se heurtait à
chaque pas contre la force d'inertie de M. Pichon.
Rien ne s'y faisait que la route folle et dispendieuse
de *Babazou*.

La question administrative la plus importante
était sans doute celle de la colonisation, puisque,
de sa solution, dépendaient les avantages que pou-
vait se promettre la métropole, en compensation
de tant de sang, de tant d'or prodigués. Elle fut
long-temps débattue entre le duc et M. Pichon,
qui s'opposait à tous projets de ce genre, et qui
ne céda que peu de jours avant sa révocation. Ce
fut alors que nous vîmes arriver M. Genty de Bussy,
à l'intendance civile, mais non pas avec le pouvoir
indépendant de M. Pichon. Il fut très expressément
mis sous les ordres du duc de Rovigo, qui vit ainsi
réaliser ses vœux, en se trouvant le chef suprême
de la colonie.

Mais, par une bizarrerie étrange, le duc qui, depuis six mois, se plaignait hautement d'être entravé sans cesse par M. Pichon, et qui demandait à grands cris le pouvoir nécessaire pour faire le bien, n'en voulut plus dès qu'il l'eut obtenu, et l'abandonna tout entier, sans combat, à M. Genty, qui n'eut garde de laisser échapper l'occasion d'étendre ses attributions, d'augmenter son importance; et la dissimulation, qui fait le fond de son caractère, cacha soigneusement au duc de Rovigo les chaînes qu'il lui préparait.

M. Genty, tout entier aux détails administratifs dans lesquels il se noie, usant et abusant de la facilité avec laquelle il parle, rédige et écrit, n'écoutant jamais, laborieux sans doute, mais trop infatué de son mérite, a voulu tout faire par lui-même et il n'a rien fait du tout; car je défie qu'on me cite une amélioration de quelque importance introduite par lui dans l'administration. Il n'a vu dans Alger qu'une préfecture, dans laquelle il fallait régulariser tous les services. Cela est bon en soi; mais telle n'était pas la haute mission d'un administrateur dans un pays où tout est à créer. Il devait se placer à un point de vue plus élevé, chercher ce qu'il y avait à faire pour le commerce, l'industrie, pour la culture, pour l'assainissement, pour la civilisation, et proposer au gouvernement des résumés clairs, appuyés sur des vérités locales, au lieu d'épuiser les trésors de sa vaste intelligence (ainsi qu'il l'appelle lui-même) pour bâtir quelques petites maisons blanches, auxquelles il ne manque que des habitans. Pauvre colonie sans colons autres que ceux qu'on y nourrit par charité! J'oubliais qu'il a fondé un jardin botanique, pour lequel il vient de demander encore 20,000 fr.

L'esprit de détail n'est bon que dans les sous-ordre : il est ennemi des hautes conceptions.

Pour coloniser, dans l'acception où ce mot doit être entendu à Alger, il faut que l'état possède une grande étendue de terres, qu'il puisse concéder à de certaines conditions. Il faut que les cultivateurs puissent s'y établir sans danger; il faut enfin donner à leur industrie une direction qui s'accorde avec les intérêts commerciaux de la métropole.

Les terres qui environnent Alger en dedans des avant-postes, se composent en général de collines, de ravins et de vallons. La plupart des collines et les plateaux les plus élevés sont arides et ne sont bons qu'à être plantés en bois. Les vallons sont fertiles, parce qu'ils se sont enrichis de la terre végétale que les eaux ont entraînée des hauteurs voisines. Ils sont en grande partie cultivés en légumes et en jardinage. Les besoins de la population européenne l'exigent, et les cultivateurs y trouvent un grand profit. Ces environs d'Alger ne sont donc pas destinés à la grande culture, ni par leur nature ni par leur étendue.

C'est vers la plaine de *Métidja*, c'est vers ce vaste territoire compris entre l'Atlas, l'Hamise et le Mazafran, (1) que doivent se porter les regards

---

(1) L'*Hamise* et le *Mazafran* sont deux petites rivières qui se jettent dans la mer, la première à l'est, la seconde à l'ouest d'Alger. Elles ne sont jamais navigables; mais comme elles reçoivent les principaux versans de la plaine, elles serviraient à en écouler les eaux.

de ceux qui sont appelés à l'emploi glorieux de préparer les destinées de la colonie.

Mais, en admettant que l'on se rendît maître des principaux débouchés de l'Atlas en prenant les positions militaires que le maréchal Clausel a désignées avec le coup-d'œil d'un homme de guerre, la plaine de Métidja offrirait encore deux genres d'ennemis à combattre pour arriver à posséder utilement : les Bédouins, dont les villages y sont épars, et les eaux, qui s'y épanchant en hiver et s'y desséchant quand les chaleurs surviennent, donnent ces exhalaisons délétères qui nous ont déjà coûté tant de soldats.

On pourra venir à bout des Bédouins, soit par la force des armes, en les refoulant dans l'Atlas, soit par la voie des négociations et d'échanges, en leur assignant tel emplacement que l'on jugera convenable; car il ne serait pas prudent de les laisser entre les établissemens européens.

Quant à l'écoulement des eaux et à l'assainissement de la plaine, d'après les reconnaissances et les travaux préparatoires que vient de faire le génie militaire, ce ne serait pas un ouvrage aussi considérable qu'on l'avait cru d'abord. Les pentes sont bien disposées, et l'on retrouve les traces d'anciens canaux de dessèchement. Les obstacles seront dans l'exécution. Elle sera difficile pendant l'hiver, lorsque la plaine est inondée, et elle sera dangereuse pendant l'été, à cause des fièvres qui s'empareront des travailleurs. Toutefois, c'est une opération indispensable.

Maintenant, si l'on possédait la plaine, et si l'habitation cessait d'en être insalubre, que faudrait-il faire pour la coloniser?

Voici ce que j'en pense,

Ainsi que je l'ai dit plus haut, on ne doit donner le nom de colons qu'à ceux qui ont, pour exploiter les terres des moyens proportionnés à leur étendue. Sans cela, point d'avenir. Cette vérité est démontrée par ce qui se passe dans toutes les colonies de la terre. Je pense donc qu'il faudrait que le gouvernement fît connaître qu'il est disposé à concéder (1) des terres, aux clauses et conditions suivantes :

1°. Justifier de 10,000 fr. comptant pour les premiers cinquante hectares qui seraient concédés, à cause de l'habitation à construire; et ensuite de 5,000 francs par chaque cinquante hectares concédés au même individu.

2°. Point de contribution foncière la première année ; le vingtième du produit brut la seconde année; le dixième les années suivantes. En France, on paie un cinquième.

3°. Planter 500 pieds de mûriers blancs et 500 pieds d'oliviers greffés par chaque cinquante hectares.

4°. Un dixième des terres cultivé en coton herbacé.

---

(1) Je dis *concéder* et non pas *vendre*, parce qu'il ne s'agit pas de faire entrer quelques centaines de mille francs dans les coffres de l'état, mais bien de préparer les grands résultats qu'on obtiendra d'une colonisation prompte et complète. D'ailleurs, le mode de *concession* laisse au gouvernement un droit de surveillance, qu'il n'aurait pas après des *ventes* définitives.

5°. Établir des primes payables en terres, pour encourager l'éducation des bestiaux.

Je crois que, sous un pareil régime, la colonisation ferait de rapides progrès.

Il n'est pas probable que, de bien long-temps, le commerce avec l'intérieur de l'Afrique puisse acquérir quelque importance. Les caravanes préféreront toujours se diriger vers leurs co-religionnaires de Maroc et de Tunis.

———

Après cet exposé, il devient facile de répondre aux trois questions posées par le gouvernement.

1°. Le séjour d'Alger est-il salubre pour nous?

Non. Mais il peut le devenir, et il faut qu'il le devienne, ou bien il faut s'en aller.

2°. Alger peut-il être facilement colonisé, et quel est le mode de colonisation préférable?

Oui, par les moyens que j'ai indiqués, et non pas par ceux qu'on a suivis jusqu'à ce jour. Mais, pour réussir, il faut choisir un gouverneur digne de toute confiance, lui indiquer le but vers lequel il doit tendre, et le laisser ensuite chercher les moyens, sur sa responsabilité et à ses risques et périls. Car, dans un pays où tout est nouveau, où rien n'est prévu, s'il faut, au premier obstacle, au premier mécompte, écrire au ministre pour savoir ce qu'on doit faire, on manquera, à chaque instant, des occasions qui ne se reproduiront plus.

En un mot, c'est une idée essentiellement fausse, que celle de prétendre administrer Alger comme un département de la France, ou comme une colonie arrivée à son point de maturité.

3° Alger peut-il être défendu contre les attaques des Arabes, sans que les dépenses nécessaires pour sa défense dépassent les profits de sa possession?

Oui, lorsque la plaine sera assez peuplée de colons, pour qu'ils puissent se préserver eux-mêmes du brigandage des Arabes voleurs. Quant aux attaques de vive force, les postes militaires placés comme le propose le maréchal Clauzel, seraient à portée de les repousser, secondés qu'ils seraient par la population européenne. Dans l'Amérique septentrionale, les colons qui formaient des établissemens n'avaient pas de troupes régulières pour les défendre des attaques des Indiens. Ils ont cependant prospéré : les colons de la plaine de Métidja feraient comme eux; ils se formeraient en milice.

Il me semble que les questions posées par le gouvernement, se trouvent résolues.

FIN.

IMPRIMÉ CHEZ PAUL RENOUARD, RUE GARENCIÈRE, N° 5.